WER HAT EIGENTLICH DIE SCHULE ERFUNDEN?!

UND WEITERE FRAGEN, DIE ES SICH AUF DEM WEG DORTHIN ZU STELLEN LOHNT

SHOHAM SMITH

EINAT TSARFATI

WER HAT EIGENTLICH DIE SCHULE ERFUNDEN?!

UND WEITERE FRAGEN, DIE ES SICH AUF DEM WEG DORTHIN ZU STELLEN LOHNT

ER'ELA ACHITUV,
MEINER ERSTEN LEHRERIN.
SHOHAM

MEINEM VATER, DER EIN
AUSSERGEWÖHNLICHER
WISSENSVERMITTLER IST.
EINAT

INHALT

9 — VORWORT: KURZ VORM PAUSENKLINGELN

10-13 — DIE SCHULE IST EINE ERFINDUNG

14-17 — DIE URZEIT (HAT DER URMENSCH DIE SCHULE ERFUNDEN?)

18-29 — DIE SCHULE IN DER ANTIKE

30-31 — MITTAGSPAUSE: SANDWICHES

58-59 — KANN MAN LERNEN, OHNE DIE SCHULE ZU BESUCHEN?

60-61 — WARUM LOHNT ES SICH, IN DIE SCHULE ZU GEHEN?

62-63 — WOZU BRAUCHT MAN ODER BRAUCHT MAN KEINE HAUSAUFGABEN?

64-65 — AKTIVE PAUSE: AUSREDEN-QUIZ

66-67 — WER BRAUCHT PRÜFUNGEN UND ZEUGNISSE?

32–41 DIE SCHULE IM MITTELALTER UND IN DER RENAISSANCE

42–47 DIE SCHULE IN DER NEUZEIT

48–53 DIE SCHULE IM 20. JAHRHUNDERT

54–55 DIE SCHULE IM 21. JAHRHUNDERT

56–57 MUSS MAN IN DIE SCHULE GEHEN?

68–69 UNANGEKÜNDIGTER TEST!

70–73 DIE LETZTE PAUSE: EIN BESUCH IM LEHRERZIMMER

74–75 WARUM SIND FERIEN NOTWENDIG?

76–77 WAS SOLLTE MAN UNBEDINGT LERNEN?

78–79 MEINE SCHULE

„In meiner frühen Kindheit musste ich mein
Lernen unterbrechen, um zur Schule zu gehen."

George Bernard Shaw

KURZ VORM PAUSENKLINGELN

Guten Tag, Mädchen, guten Tag, Jungs,

«Wer hat überhaupt die Schule erfunden?» Solltet ihr bereits die Schule besuchen, mögt ihr euch diese Frage schon gestellt haben. Solltet ihr euch das aus irgendeinem Grund noch nicht gefragt haben (weil ihr vielleicht damit beschäftigt wart, die Hausaufgaben zu erledigen …), dann ist es an der Zeit! Wenn ihr noch keine Schüler und Schülerinnen seid, aber bald (im nächsten Jahr, im nächsten Monat oder sogar morgen früh) welche sein werdet, ist das eure Gelegenheit und euer Buch.

Was ist das für ein Buch?

Dieses Buch erzählt nicht von einer bestimmten Schule. Es ist auch kein Buch, das euch daran erinnert, was im Federmäppchen liegen sollte. Diese Dinge wisst ihr sicher schon. Dieses Buch ist für Kinder (und auch für Erwachsene), die sich Fragen wie diese stellen:

* Wer hat die Schule erfunden?
* Wann?
* Warum?
* Wie haben Schulen früher ausgesehen?
* Sehen alle Schulen der Welt gleich aus?
* Ist es eine Pflicht oder ein Recht, die Schule zu besuchen?
* Kann man außerhalb der Schule lernen?
* Warum lohnt es sich, in die Schule zu gehen? (Auch wenn es dort manchmal langweilig ist.)
* Warum gibt es Hausaufgaben, Prüfungen und Zeugnisse? Würde es auch ohne gehen?
* Warum ärgern sich Lehrer und Lehrerinnen manchmal?

… und andere Fragen dieser Art, die euch von nun an und bis zu den Sommerferien beschäftigen werden.

Angenehme und bereichernde Lektüre wünschen
Shoham und Einat

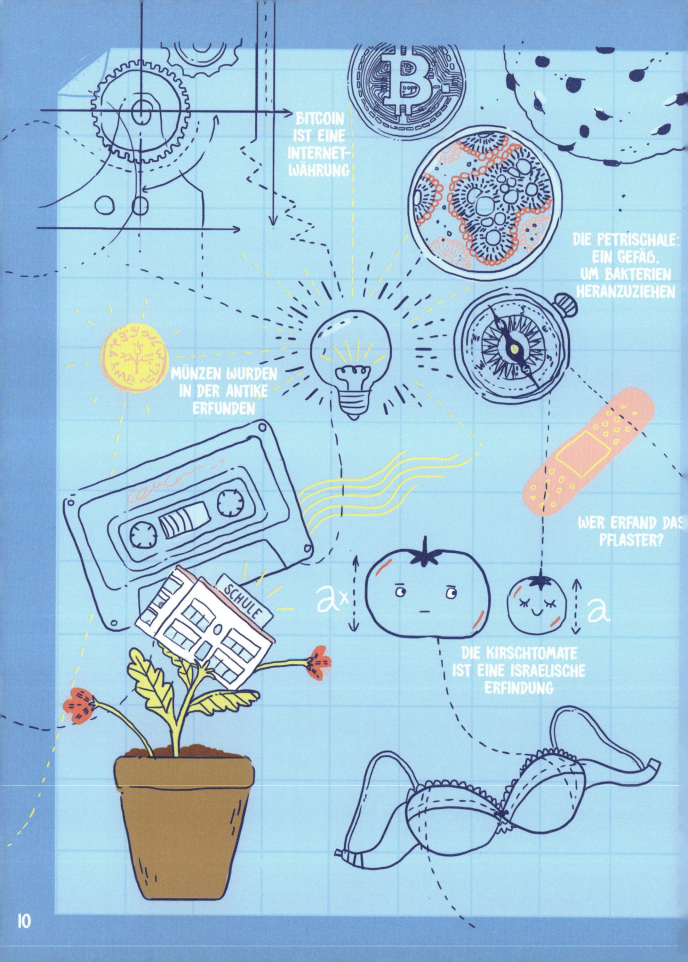

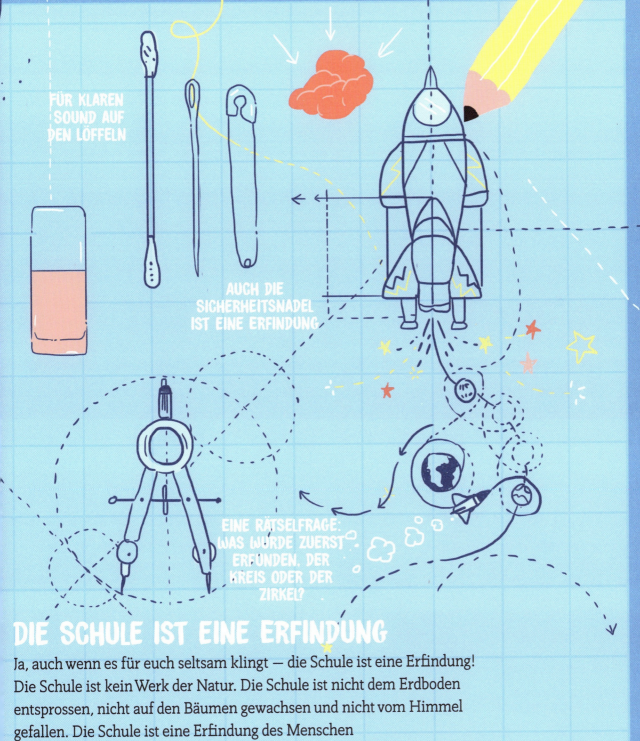

FÜR KLAREN SOUND AUF DEN LÖFFELN

AUCH DIE SICHERHEITSNADEL IST EINE ERFINDUNG

EINE RÄTSELFRAGE: WAS WURDE ZUERST ERFUNDEN, DER KREIS ODER DER ZIRKEL?

DIE SCHULE IST EINE ERFINDUNG

Ja, auch wenn es für euch seltsam klingt — die Schule ist eine Erfindung!
Die Schule ist kein Werk der Natur. Die Schule ist nicht dem Erdboden
entsprossen, nicht auf den Bäumen gewachsen und nicht vom Himmel
gefallen. Die Schule ist eine Erfindung des Menschen
wie das Rad,
wie die Glühbirne,
wie das Papier, die Schrift, der Bleistift —
und eine lange Reihe von großen und kleinen Erfindungen,
die die Menschheit verändert haben.

ERFINDUNGEN, ERFINDER UND ERFINDERINNEN

Die elektrische Glühbirne perfektionierte **Thomas Alva Edison** (im Jahr 1879).

Und dann hatte ich eine Erleuchtung …

Das erste Flugzeug bauten und flogen **die Brüder Wright** (im Jahr 1903).

Was für ein Glück, dass ich einen Bruder wie dich habe, Orville!

Was für ein Glück, dass ich einen Bruder wie dich habe, Wilbur.

Der Chocolate Chip Cookie, eine der leckersten Erfindungen, stammt von **Ruth Graves Wakefield** (im Jahr 1930).

Eine nebensächliche Erfindung, aber lecker!

Die Scheibenwischanlage — eine wichtige Erfindung, die unzählige Verkehrsunfälle verhindert — erfand **Mary Anderson** (im Jahr 1903).

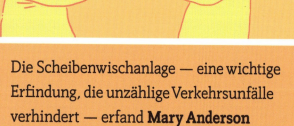

Vergesst ja nicht das Duftbäumchen!

Das Rettungsboot erfand **Maria E. Beasley** (im Jahr 1880).

Eine Seefahrt, die ist lustig …

HERZLICH WILLKOMMEN IN DER GESCHICHTE

Die Geschichte — die Dokumentation der Menschheitsgeschichte — beginnt mit der Erfindung der Urschrift in Sumer (im Alten Orient, heute Irak). Auch erste Lehrhäuser wurden nach der Erfindung der ersten Schrift gegründet.

Man nimmt an, dass die ersten Häuser errichtet wurden, damit dort «Schreiber» — Menschen, die lesen und schreiben konnten — für die ersten Herrscher arbeiteten. Die Schreiber dokumentierten die Ereignisse des Königreichs und verfassten Briefe und verschiedene Dokumente. Die alte Schrift, die sie benutzten, nennt man Keilschrift. Bei dieser Schreibmethode wurde mit Schreibgriffeln aus Schilfrohr (Keilen) in die weichen Tontafeln geritzt. Die Worte ergaben sich durch verschiedene Kombinationen von geritzten Zeichen.

VOR ETWA 5000 JAHREN

HERZLICH WILLKOMMEN IM ALTEN ÄGYPTEN

In Ägypten wurde für die Kinder des Königs und für die Leute am Königshof ein Rahmen geschaffen, der ihnen das Lernen ermöglichte. Die Lehrer waren Priester. Die Fächer waren Lesen und Schreiben, Mathematik, Architektur und Geometrie, Sport, militärische Ausbildung und Unterricht in Umgangsformen. Die Ägypter führten eine revolutionäre Erfindung ein: Rollen aus der Papyrusstaude. Die Rollen waren ein geeignetes Schreibmaterial, zudem waren sie leicht und dünn. Die alte ägyptische Schrift (die hieroglyphische Schrift) bestand aus Bildern und Zeichen. Hieroglyphen bedeutet «heilige Schriftzeichen» oder auch «heilige Einkerbungen». Sagt man heute, dass jemand in Hieroglyphen schreibt, ist gemeint, dass dessen Handschrift unleserlich ist.

Ägyptischer Würfel

> KRÜMEL VON TROCKENEM WEISSBROT ZUM FRÜHSTÜCK – IST EINE ECHTE STRAFE!

In der Antike und lange Zeit danach war man der Meinung, dass gute Erzieher ihre Kinder bestrafen, wenn es angebracht gewesen wäre. Schläge oder Peitschenhiebe galten als gängige Strafen!

Heute ist es verboten, Kinder körperlich oder durch Demütigung zu bestrafen. Heute versteht man: Es ist unangemessen, wenn ein Erwachsener gegenüber einem Kind seine Macht oder Position ausnutzt.

Im Land Israel lernten die Kinder zu Hause, bis eines Tages, vor etwa 2000 Jahren, einer der führenden Gelehrten namens **Schimon ben Schetach** die Idee von der Schule ersann. — Und auch ihren Namen! Auf Hebräisch heißt Schule: Haus des Buches.

Ein anderer Gelehrter, **Jehoschua ben Gamla**, schlug vor, dass Kinder im Alter von sechs, sieben Jahren zu lernen beginnen.

VOR ETWA 2500 JAHREN

HERZLICH WILLKOMMEN IM ANTIKEN GRIECHENLAND

> Stillgestanden: Keiner rührt sich!

> Junge Kämpfer, heute lernen wir, Schmerzen zu überwinden.

> Ihr Mädchen lernt, für die Soldaten Pullover zu stricken.

> Meine Katze beantragt, ihren Militärdienst nur einen Katzensprung von zu Hause abzuleisten.

Im antiken Griechenland gab es verschiedene Königreiche, in denen auch die Lernfächer verschieden waren. Sparta war beispielsweise ein Königreich, in dem zwei Herrscher sich die Macht teilten. Eine große Rolle spielte das Militär, das seine Angehörigen zu Soldaten ausbildete und erzog. Und die Mädchen zu Müttern von Soldaten.

In Athen wollte man hingegen den Geist des Menschen entwickeln. Man lehrte Lesen und Schreiben, Philosophie und Literatur, Sport und Lautenspiel. Parallel dazu legte man bei der Erziehung darauf Wert, einen gesunden und schönen Körper zu entwickeln. Ein gesunder Geist in einem gesunden Körper! Die Jungen in Athen besuchten zwei Schulen: Die Turnschule (Gymnastik) — dort lernten sie, den Körper zu entwickeln. Die Musikschule — dort lernten sie Lesen, Schreiben und Mathematik. Sie befassten sich auch mit Poesie und Musizieren. Wohlhabende Jungen erhielten zu ihrer geistigen Bereicherung Zusatzstunden wie etwa in Rhetorik. In diesem Fach lernte man, wie man sich gut ausdrückt, wie man argumentiert und eine Rede hält.

VOR ETWA 2300 JAHREN

HERZLICH WILLKOMMEN IM ALTEN ROM

Im alten Rom hatten die meisten Kinder zu Hause Unterricht. Die Väter brachten ihnen Mathematik, Lesen und Schreiben bei. Manche Kinder wohlhabender Leute lernten im Ludus, wo sie Lesen und Schreiben lernten.

Mit der Zeit entwickelte sich im Römischen Reich landauf, landab ein Schulsystem. Grundschulen für kleine Kinder, wo sie Unterricht in Lesen, Schreiben und Mathematik hatten. Die 12- bis 16-Jährigen lernten Grammatik und Literatur. In der Schule für die 16- bis 19-jährigen Reichen wurden Redekunst und Naturwissenschaften unterrichtet.

MITTAGS–

Das Sandwich (das belegte Brot) wurde vor ungefähr 250 Jahren vom Diener des 4. Earl (das ist so etwas wie ein Graf) der englischen Stadt Sandwich erfunden. Der Earl, der beim Kartenspiel war, wollte keine Zeit mit einer Mahlzeit vergeuden und sagte zu seinem Diener: Bring mir einfach das Fleisch zwischen zwei Brotscheiben.

EIN SANDWICH MIT GEHEIMNISVOLLER ZUTAT IST WIE EIN TRUMPF IN DER HINTERHAND

EIN SANDWICH VOM LETZTEN JAHR

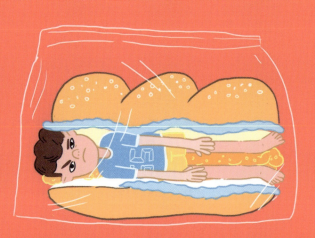

EIN WOLKENKRATZER-SANDWICH

EIN SANDWICH-KIND – BEI DREI GESCHWISTERN DAS MITTLERE KIND

PAUSE

EIN SANDWICH MIT NICHTS.

EIN DOPPELTES WOLKENKRATZER-SANDWICH

EIN SUSHI-SANDWICH

Wenn sie kein Brot haben, dann sollen sie doch Kuchen essen …

EIN SANDWICH-KEKS ODER AUCH DOPPELKEKS

DAS SANDWICH VON MARIE-ANTOINETTE

Warnhinweis!
Kuchen ist kein Sandwich und kann der Gesundheit schaden

HERZLICH WILLKOMMEN IM MITTELALTER

VOR MEHR ALS 1000 JAHREN

Wie in der Antike war auch im Mittelalter das Lernen ein Recht, das Wohlhabenden vorbehalten war. Ein Teil von ihnen lernte, Herrscher zu werden. Ein anderer Teil lernte, Ritter zu werden. Ein dritter Teil lernte zu Hause und der große Teil in Schulen, die den Kirchen gehörten.

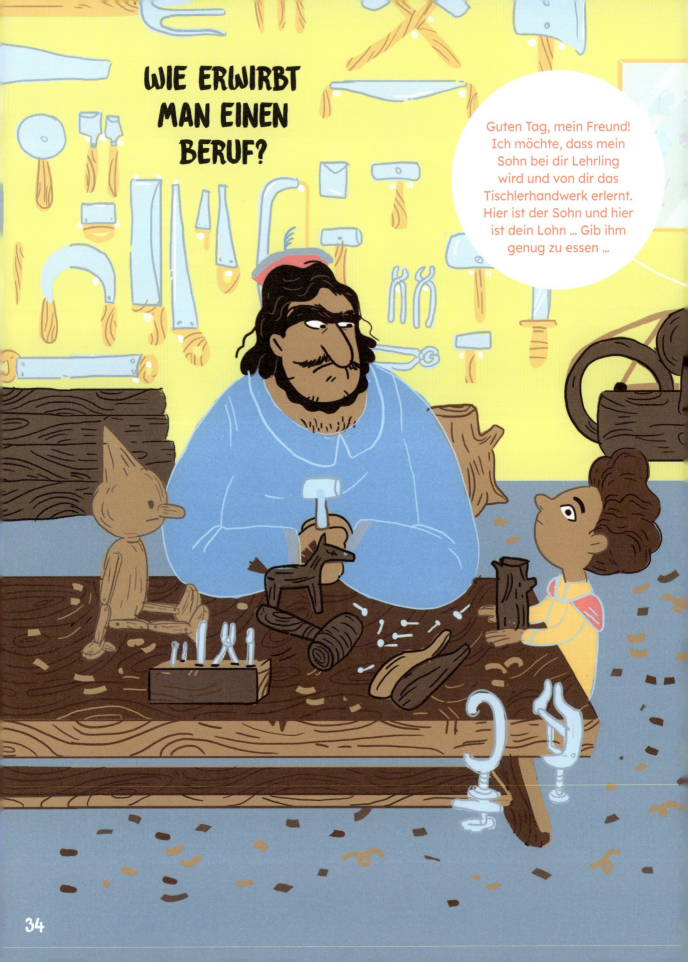

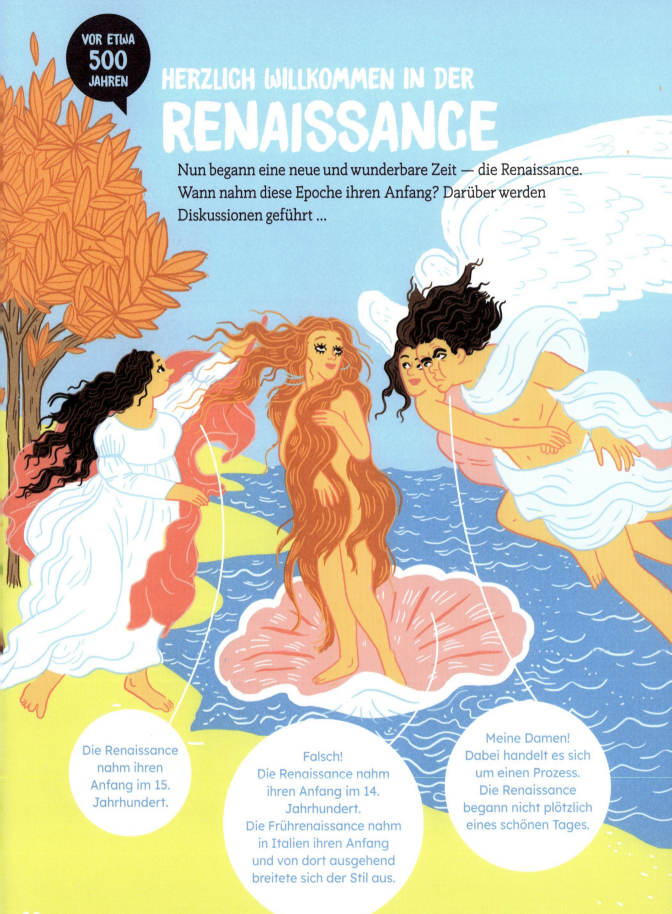

VOR ETWA 500 JAHREN

HERZLICH WILLKOMMEN IN DER RENAISSANCE

Nun begann eine neue und wunderbare Zeit — die Renaissance. Wann nahm diese Epoche ihren Anfang? Darüber werden Diskussionen geführt ...

Die Renaissance nahm ihren Anfang im 15. Jahrhundert.

Falsch! Die Renaissance nahm ihren Anfang im 14. Jahrhundert. Die Frührenaissance nahm in Italien ihren Anfang und von dort ausgehend breitete sich der Stil aus.

Meine Damen! Dabei handelt es sich um einen Prozess. Die Renaissance begann nicht plötzlich eines schönen Tages.

Eine weitere Neuerung der Renaissance:
Belohnen statt versohlen!

Der Geist der Renaissance, der den Menschen, dessen Einzigartigkeit und Würde in den Mittelpunkt stellte, beeinflusste das Unterrichten. Die Lehrer begriffen: Kein Schüler gleicht dem anderen. Statt ein Kind durch Bestrafungen anzuspornen, wie ihm beispielsweise den Hintern zu versohlen, sind Belohnungen oder Anerkennung ermutigender.

> DAS IST UNFAIR! DIE CHINESEN HATTEN DEN BUCHDRUCK VOR GUTENBERG ERFUNDEN. ICH DANKE BI SHENG, DEM ERFINDER DER CHINESISCHEN DRUCKERPRESSE.

Das stimmt. **Bi Sheng** hatte bereits 1030 eine Druckerpresse erfunden, allerdings wurde sie nicht industriell genutzt. Wie Bi Sheng verwendete Gutenberg gegossene Buchstaben, die in jeder gewünschten Reihenfolge gesetzt werden konnten. Das erste Buch, das Gutenberg druckte, war die Bibel. Vorher benutzte man große teure Druckformen, die nach dem Drucken nicht mehr verwendet wurden. Gutenbergs Erfindung nennt man Hochdruckverfahren.

1
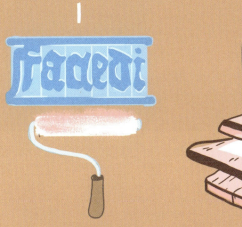

2

3

Vor der Erfindung von Gutenbergs Buchdruckverfahren war das Buch ein seltenes und teures Produkt. Die Erfindung verschaffte den Menschen Zugang zu diesem Produkt. Die Erfindung führte zur Massenverbreitung von Texten, darunter auch Lehrmaterial.
Heute können dank Gutenbergs Erfindung viele Menschen Bücher kaufen und sich Wissen und Bildung aneignen.

VOR UNGEFÄHR 500 JAHREN

HERZLICH WILLKOMMEN IN DER NEUZEIT

Wann begann die Neuzeit?

Als Gutenberg die Druckerpresse erfand.

Als Kolumbus **1492** Amerika entdeckte.

Weder noch. **1543**, als Kopernikus seine Theorie veröffentlichte, der zufolge die Erde um die Sonne kreist.

Was war für die Schulen der Neuzeit in der westlichen Welt charakteristisch?
*Der Einfluss der Wissenschaft nahm zu.
*Der Einfluss der Religion nahm ab.
Mit anderen Worten: In den Schulen lernte man eher Fakten und weniger Glauben.

Neben den privaten Schulen und den kirchlichen Schulen wurden zunehmend mehr öffentliche Schulen gegründet. Die Finanzierung übernahmen Länder und Kommunen. Die Schulen wurden für arme Kinder und Arbeiterkinder geschaffen.

VOR ETWA 200 JAHREN

HERZLICH WILLKOMMEN IN DER ZEIT DER INDUSTRIELLEN REVOLUTION

*Mit der Erfindung von Zügen und Dampfschiffen entwickelt sich der Personen- und Güterverkehr.
*Die Industrie entwickelt sich — Fabriken lösen die Handarbeit ab.
*Die Städte entwickeln sich und werden größer — die Menschen wandern von den Dörfern in die Städte ab.

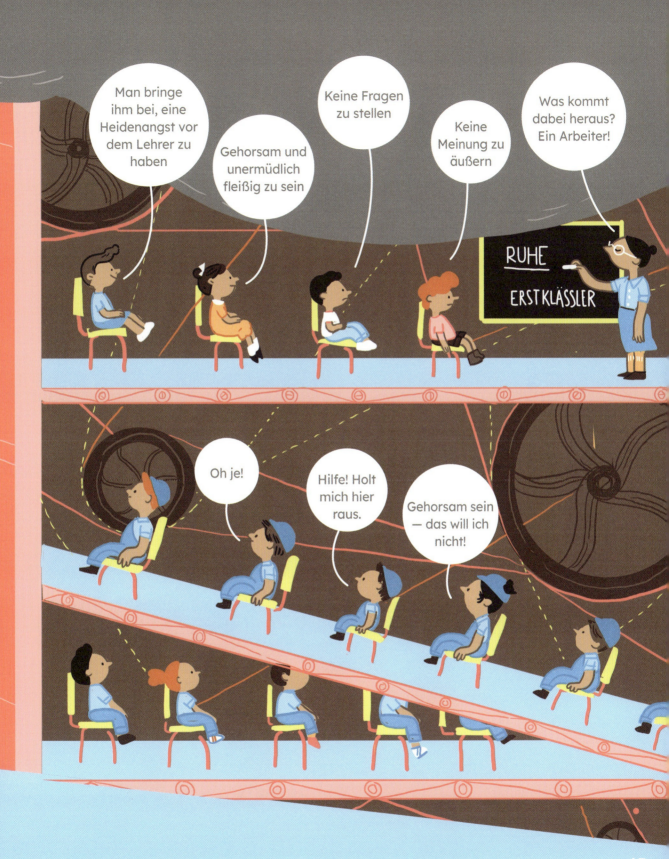

1901–2000

HERZLICH WILLKOMMEN IM 20. JAHRHUNDERT

Nach der industriellen Revolution veränderte und entwickelte die Welt sich weiter. Stufenweise wurde das Leben der Menschen bequemer, rasanter und gesünder. Hier und da spürten auch die Kinder die revolutionären Veränderungen. Zunehmend mehr Länder beschlossen: Alle Kinder — Jungen und Mädchen, Arme wie Reiche — sind verpflichtet zu lernen! Die Kinder sind die Generation der Zukunft! Kinder, denen Bildung zugutekommt, werden gute und nützliche Bürger. Zunehmend mehr Länder führten das «Gesetz zur Schulpflicht» ein. Es verpflichtete die Eltern dazu, ihre Kinder in die Schule zu schicken.

So entstanden neben den traditionellen Schulen weltweit Schulen eines anderen Typs.

Mein Thema sind Vulkane …

Ups …

Bei uns lernen die Kinder den Stoff nicht auswendig, sondern sie forschen und sammeln Erfahrungen. Studien haben bewiesen: Aktives Lernen ist effizientes Lernen!

Bei uns lernen die Schüler, für sich selbst Verantwortung zu übernehmen. Jeder Junge und jedes Mädchen wählt aus, was er oder sie lernen möchte.

Bei uns steht der Schüler im Mittelpunkt, genau wie der Mensch in der Zeit der Renaissance!

Experten warnen:
Nicht jede Lernmethode ist für jedes Kind oder für jede Gemeinschaft geeignet, in der es heranwächst und erzogen wird.

Ich werde mein Leben dem Erlernen der chinesischen Sprache widmen. Nǐ hǎo ma? [= Wie geht's dir? A.d.Ü.]

Ich **wähle aus**, gar nicht zu lernen.

SO VIELE MÖGLICHKEITEN ...

In Schulen sind über die Jahre viele Methoden (z.B. Gruppenarbeit), die anfangs als innovativ galten, Routine geworden. Gleichzeitig wurden weltweit einzigartige Schulen gegründet.

Meine Schule wird wie ein demokratisches Land geführt. Die Schüler sind daran beteiligt, wenn es darum geht, Entscheidungen zu treffen. Wir können frei wählen, was wir lernen und ob überhaupt. Wenn ich größer werde, weiß ich daher schon, wie man Entscheidungen trifft.

Ich besuche eine Kunstschule: SEIN ODER NICHT SEIN – DAS IST HIER DIE FRAGE!

Wir lernen im Wald. Heute lernen wir, wie man mit nur einem Streichholz ein richtig großes Lagerfeuer entzündet.

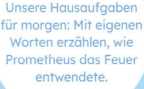

Ich lerne hier, weil ich Theater wirklich mag.

Unsere Hausaufgaben für morgen: Mit eigenen Worten erzählen, wie Prometheus das Feuer entwendete.

HERZLICH WILLKOMMEN IM
21. JAHRHUNDERT

HERZLICH WILLKOMMEN IN DER ZEIT DER INFORMATIONSREVOLUTION, DIE JETZT IST!!

Warum soll ich das Haus verlassen und Zeit vergeuden, wo ich doch alles, was ich will, per Computer lernen kann?

* ICH WILL NICHT IN DIE SCHULE GEHEN!

MUSS MAN IN DIE SCHULE GEHEN? WARUM?

KANN MAN LERNEN, OHNE DIE SCHULE ZU BESUCHEN?

Na klar! Jedes Baby lernt Dinge, ohne die Schule zu besuchen: krabbeln, laufen, sprechen. Der Mensch (wie jedes Lebewesen) lernt Dinge vom Moment seiner Geburt an. Am Anfang lernt er einfache Dinge, wie Gesichter, Stimmen, Gerüche und Empfindungen zu erkennen.

Danach lernt er, die Dinge bei ihrem Namen zu nennen, Sätze miteinander zu verknüpfen und seine Gedanken und Gefühle auszudrücken, zu zählen und Mengen zu schätzen ... Wächst das kleine Kind heran, steigert und vervollkommnet sich die Lernfähigkeit. Das Kind lernt viel, indem es sein Umfeld betrachtet, die Handlungen anderer nachahmt und sich Gedanken macht.

Wir alle — kleine Kinder, Kinder und Erwachsene — lernen vom Leben selbst!

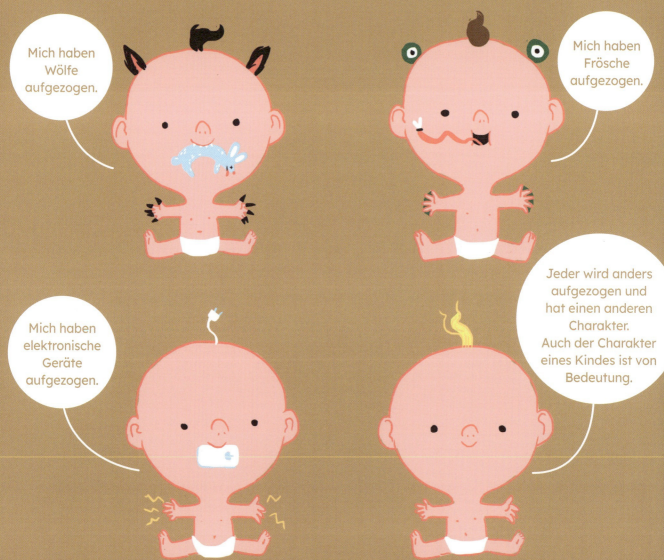

Mich haben Wölfe aufgezogen.

Mich haben Frösche aufgezogen.

Mich haben elektronische Geräte aufgezogen.

Jeder wird anders aufgezogen und hat einen anderen Charakter. Auch der Charakter eines Kindes ist von Bedeutung.

WARUM LOHNT ES SICH, IN DIE SCHULE ZU GEHEN?
(AUCH WENN ES DORT MANCHMAL LANGWEILIG IST.)

In der Schule treffe ich Freunde und Freundinnen.

In der Schule kenne ich Kinder, die anders sind als ich.

In der Schule lerne ich, mich mit anderen Leuten auseinanderzusetzen und Teil einer Gruppe zu sein.

In der Schule bin ich meiner besten Freundin begegnet!

BFF!

In der Schule spiele ich Fußball.

In der Schule kann ich Sandwiches tauschen.

Ich gehe in die Schule, weil meine Eltern arbeiten müssen.

DER HUND, DER DIE HAUSAUFGABEN VERSPEIST HAT

1. Fasst das Thema kurz zusammen.
2. Notiert die Vor- und Nachteile von Hausaufgaben.
3. Stellt verschiedene Sichtweisen von Schülern, Eltern, Lehrern und Pädagogen auf.

Entschuldigung, ich bin Kristina, eine Lehrerin aus Finnland. Unser Bildungssystem gilt als das beste der Welt. Bei uns werden sehr wenig Hausaufgaben aufgegeben und wir Lehrer kontrollieren nicht, ob die Schüler sie erledigt haben. Wir verlassen uns darauf, dass die Schüler die Hausaufgaben in ihrer freien Zeit vorbereiten.

LEHRERIN AUS FINNLAND

Das Aufnahmevermögen eines Kindes hat Grenzen, daher gebe ich Hausaufgaben, die Spaß machen.

Es ist unmöglich eine Sprache zu lernen, ohne zu üben.

LEHRER →

← LEHRERIN

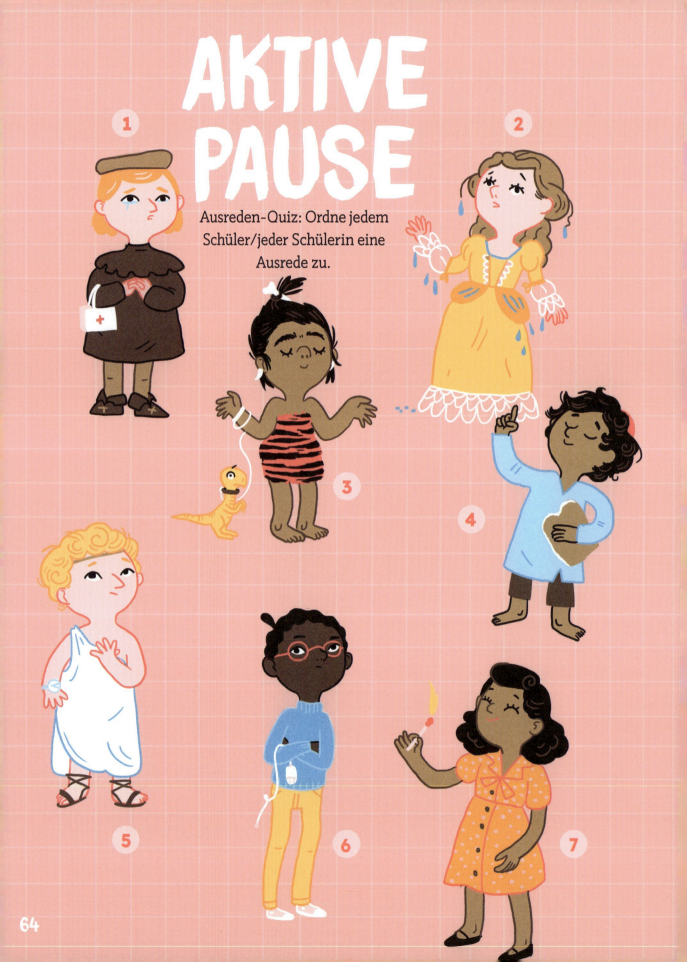

WER BRAUCHT PRÜFUNGEN UND ZEUGNISSE?

Hausaufgaben, Prüfungen und Zeugnisse führen unter Pädagogen, Eltern und Kindern zu heftigen Diskussionen:

Entschuldigung, ich bin's schon wieder, Kristina aus Finnland. Ich will nur sagen: Bei uns gibt es in der 9-jährigen Einheitsschule kaum Prüfungen. Unsere Experten sind zu der Schlussfolgerung gelangt, dass ein Schüler, der für eine Prüfung lernt, in kurzer Zeit das Gelernte vergisst. So zu lernen, ist nicht effektiv, es schadet dem Schüler nur und übt Druck auf ihn aus.

UNANGEKÜNDIGTER TEST!

1. WER HAT DIE SCHULE ERFUNDEN?
   a. der Urmensch
   b. Kristina aus Finnland
   c. Johannes Gutenberg
   d. Die Sumerer? Die Ägypter? Wirklich eine gute Frage …

2. WER HAT GESAGT: KINDER SOLLEN IM ALTER VON SECHS, SIEBEN JAHREN ZU LERNEN BEGINNEN?
   a. Jehoschua ben Gamla
   b. Leonardo da Vinci
   c. Schimon ben Schetach
   d. David Ben Gurion

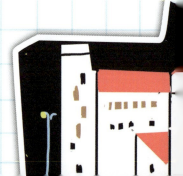

3. WAS BEDEUTET DER AUSDRUCK «IGNORANT»?
   a. das jüdische Volk in der Zeit der Informationsrevolution
   b. ein Angehöriger einer Familie, die in ihrem Land tief verwurzelt ist
   c. ein älterer Bürger (ein Rentner)
   d. ein tadelnswert unwissender Mensch

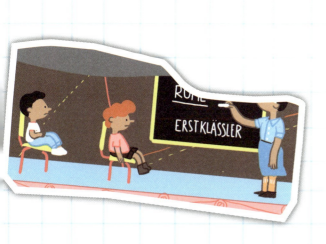

4. WAS IST FÜR DAS 21. JAHRHUNDERT CHARAKTERISTISCH?
   a. die Informationsrevolution
   b. die Verkehrsrevolution
   c. die Revolution des Buchdrucks
   d. das Gesetz zur Schulpflicht

5. WARUM HABEN IN FINNLAND EXPERTEN FÜR ERZIEHUNG EMPFOHLEN, PRÜFUNGEN IN DER 9-JÄHRIGEN EINHEITSSCHULE ABZUSCHAFFEN?
   a. wegen Papierverschwendung
   b. weil Prüfungen die Schüler unter Druck setzen
   c. weil deren Nützlichkeit angezweifelt wird
   d. Die Antworten b und c sind richtig.

DIE LETZTE PAUSE

Ein Besuch im Lehrerzimmer

Es ist schön zu wissen, dass es bereits vor Jahrzehnten, Jahrhunderten und sogar Jahrtausenden auf der Welt Menschen gab, die Kinder verstanden.

in den USA
Anne Sullivan Macy (die Wunder vollbringende Lehrerin, die Helen Keller das Sprechen beibrachte, 1866-1936):
«Kinder benötigen Führung und Sympathie weit mehr als Unterweisung.»

in Brasilien
Paulo Freire (1921-1997):
«Das Wissen des Lehrers ist nicht besser als das Wissen des Schülers.»

in Russland
Lew Tolstoi (1828-1910):
«Die Schule muss den Schülern für den Denkprozess Wissen und Werkzeuge mitgeben. Es ist ihre Aufgabe, ihnen zu vermitteln, wie man denkt, und nicht, was man zu denken hat.»

DAS ÄLTESTE SANDWICH DER WELT

in Großbritannien
Alexander S. Neill (1883-1973):
«Die Eltern verderben die Kinder. Sie erziehen sie dazu, sich Autorität zu fügen.»

in Italien
Maria Montessori (1870-1952):
«Wir wollen keine gehorsamen Kinder. Wir wollen begeisterte Kinder.»

in Kanaan
unbekannt (König Salomon zugeschrieben):
«Gewöhne einen Knaben an seinen Weg.»

in den USA
Nel Noddings (1929 geboren):
«Fürsorge und Zugewandtheit sollten im Mittelpunkt des pädagogischen Handelns stehen.»

DER KLEINSTE SPICKZETTEL DER WELT ←

FRÜHER BENUTZTE MAN KREIDE (UND EINE TAFEL)

DER KLEINSTE SPICKZETTEL DER WELT*

*SPICKZETTEL: ZETTEL ZUM ABSCHREIBEN WÄHREND EINES TESTS. ERFUNDEN VON EINEM UNBEKANNTEN SCHÜLER

in Persien

Ibn Sina (980-1037):
«Das Kind kommt als Tabula rasa, ‹unbeschriebenes Blatt›, auf die Welt — und sein Charakter wird nach der Erziehung geformt, die es erhält. Lernen in der Gruppe und Wettbewerbe unterstützen das Lernen.»

in Frankreich

Jean-Jacques Rousseau (1712-1778):
«Alles ist gut, wie es aus den Händen des Schöpfers kommt; alles entartet unter den Händen des Menschen.»
«Unterrichtet man Kinder, muss man achtsam sein, sie nicht zu verderben.»
«Wesentlich ist, dass Kinder glücklich sind.»

in Polen

Janusz Korczak (1878-1942):
«Man soll dem Kind keinen Lehrer geben, der das Buch liebt und den Menschen nicht.»

Ob auch die Schule ausstirbt?

SCHÜLERSAURUS

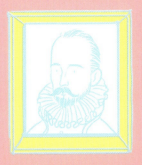

in Frankreich
Michel de Montaigne (1533-1592):
«Es ist an den Lehrern, die Kunst des Lebens zu lehren.» «Das wichtigste Lehrbuch ist die Welt.»

in den USA
John Dewey (1859-1952):
«Lernen muss mit Erlebnissen verbunden sein und auf persönlicher Erfahrung beruhen.»

in der Schweiz
Johann Heinrich Pestalozzi (1746-1827):
«Die Kinder sollten über Kopf, Herz, Hand lernen.»
«Auch arme Kinder sollten Bildung erhalten.»

Warum kann man hier nicht mal ein wenig seine Ruhe haben?!

SKULPTUR DER VERÄRGERTEN LEHRERIN

Auch unsere Lehrerin ärgert sich ständig.

Stimmt, aber wir stören ja auch immerzu …

Unsere arme Lehrerin.

WAS SOLLTE MAN UNBEDINGT LERNEN?
NACHDENKEN!

Unbedingt merken: Nachdenken ist das A und O. Nicht alles, was man euch in der Schule beibringt, ist richtig oder genau. In den Lehrbüchern könnt ihr Fehler oder falsche Informationen finden.

Vertraut den Lehrern, die euch unterrichten, vertraut ihrem und eurem Wissen. Seid jedoch so vernünftig, Dinge anzuzweifeln. Wenn ihr Zweifel habt, dann fragt eure Eltern, sucht Antworten in den Büchern oder im Internet und hinterfragt auch diese.

Zweifel an etwas haben – was bedeutet das?

Nicht glauben, dass alles richtig ist, was man dir sagt.

MEINE SCHULE

Schulpass

NAME DER SCHULE: _____

MEINE SCHULE IST EINE:
REGULÄRE/RELIGIÖSE/DEMOKRATISCHE/ANTHROPOSOPHISCHE/SCHULE DER KÜNSTE/
DIALOG-SCHULE/ANDERE: _____

MEIN KLASSENLEHRER/MEINE KLASSENLEHRERIN HEISST: _____

WIR HABEN UNGEFÄHR _____ **STUNDEN UNTERRICHT PRO TAG.**

DREI FÄCHER, DIE MICH INTERESSIEREN:
1. _____
2. _____
3. _____

EIN FACH, DAS MIR SCHWERFÄLLT: _____

IN DER PAUSE MACHT MIR AM MEISTEN SPASS: _____

WAS ICH IN DER MITTAGSPAUSE AM LIEBSTEN ESSE: _____

MEINE SCHULE BEKOMMT DIE NOTE: _____

AN MEINER SCHULE SOLLTE MAN VERBESSERN: _____
_____

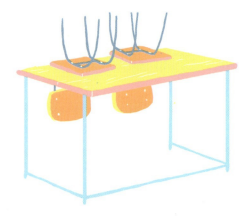

Der Verlag HELVETIQ wird vom Bundesamt für Kultur mit einem Strukturbeitrag für die Jahre 2021-2025 unterstützt.

Wer hat eigentlich die Schule erfunden?!
Und weitere Fragen, die es sich auf dem Weg dorthin zu stellen lohnt

Originaltitel: Mi bichlal himzi et beth ha-sefer?! (Who Invented School, Anyway?)
Text copyright © 2019 Shoham Smith
Illustrations copyright © 2019 by Einat Tsarfati
Hebrew Language Copyright
© Kinneret, Zmora, Dvir — Publishing House Ltd.
German translation rights arranged through S.B.Rights Agency - Stephanie Barrouillet
Original ISBN: 978-965-566-900-8

Text: Shoham Smith
Illustrationen: Einat Tsarfati
Satz und Layout: Avner Haberfeld, Vanessa Larson
Übersetzung aus dem Hebräischen: Ulrike Harnisch
Korrektorat: Ulrike Ebenritter

ISBN 978-3-907293-29-4
Erste Auflage: August 2021
Hinterlegung eines Pflichtexemplars in der Schweiz: August 2021

Gedruckt in Lettland

© 2021 HELVETIQ (RedCut Sàrl)
Alle Rechte für alle Länder vorbehalten
Mittlere Strasse 4
CH-4056 Basel
www.helvetiq.com